Grandes Découvertes | numéro 6

DANIEL BOONE
EN ROUTE POUR LE KENTUCKY

Un pionnier américain à la conquête de l'Ouest

par Gauthier Godart

50MINUTES

Avec la collaboration de Jonathan Jackowska

DANIEL BOONE

DONNÉES-CLÉS

- **Naissance ?** Le 2 novembre 1734, près de l'actuelle ville de Reading (Pennsylvanie)
- **Mort ?** Le 26 septembre 1820, près de Defiance (Missouri)
- **But des expéditions ?** Chasser, explorer et coloniser
- **Région explorée ?** Le Kentucky
- **Apports importants ?**
  - Le balisage de la *Wilderness Road*, qui permet de traverser les Appalaches pour atteindre le Kentucky
  - La construction d'un des premiers forts anglo-saxons à l'ouest des Appalaches, qui devient la ville de Boonesborough

INTRODUCTION

> [...]
> Daniel Boone was a man,
> Yes, a big man!
> And he fought for America
> To make all Americans free!
> [...]
> Daniel Boone was a man!
> Yes, a big man!
> With a dream of a country that'd
> Always forever be free!
> [...] (MATSON (Vera) et NEWMAN (Lionel), *Daniel Boone Theme Song*, chanson interprétée par Fess Parker, 1964-1970).

Voici comment était présenté Daniel Boone dans le générique de la série télévisée culte éponyme, qui célébrait, dans les années soixante, ses fameuses aventures. Dans ce même générique, on voyait le comédien américain Fess Parker (1924-2010) – qui a également incarné Davy Crockett (pionnier américain, 1786-1836) – abattre fièrement un ours et un Amérindien. C'est que l'homme incarne dans l'imaginaire américain tous les stéréotypes des *frontiersmen*, ces pionniers partis à la conquête de l'Ouest.

Daniel Boone est en réalité un des héros les plus populaires des États-Unis. Depuis sa mort en 1820, on ne compte plus les romans, films et biographies qui ont contribué à faire de ce fils de fermier originaire de Pennsylvanie une véritable légende.

Loin de l'image du sanguinaire chasseur d'Amérindiens que certains ont voulu lui donner, il a surtout marqué l'histoire par son infatigable soif de découverte. Très jeune, il commence à écumer des territoires de plus en plus reculés, jusqu'à pénétrer un jour dans le Kentucky, encore sauvage et interdit aux colons britanniques à l'époque. Tombé sous le charme de ses somptueuses vallées et de ses épaisses forêts, Daniel Boone fait de cette région sa terre d'élection et y œuvre sans relâche à l'établissement d'une colonie. Quand il y parvient enfin, il doit encore la mettre à l'abri des Amérindiens, qui défendent leur territoire, ce qui lui donne l'occasion, à maintes reprises, de démontrer son courage et sa ténacité.

BIOGRAPHIE

UN GOÛT PRÉCOCE POUR LA CHASSE

Daniel naît le 2 novembre 1734 dans la cabane en rondins familiale des Boone, des quakers anglais ayant émigré depuis peu en Pennsylvanie. Dès sa prime enfance, il rêve d'aventures et passe de longues heures à arpenter les bois alentour et à observer attentivement les us et coutumes des Amérindiens de la région, qu'il tente de reproduire. Il se prend très tôt de passion pour la chasse, qu'il pratique d'abord avec un arc de sa confection, puis, à 12 ans, avec une carabine offerte par son père.

UNE RÉGION PROPICE AUX QUAKERS

Le quakerisme est un mouvement religieux fondé par des dissidents de l'Église anglicane. Persécutés, nombre de ses adeptes quittent l'Angleterre pour s'installer en Pennsylvanie, dont la colonie a été fondée en 1681-1682 par un quaker du nom de William Penn (1644-1718), dans une région connue pour le climat de tolérance religieuse qui y règne.

C'est là que Squire Boone (vers 1696-vers 1765), originaire du Devonshire (actuel Devon, dans le sud-ouest de l'Angleterre), rencontre Sarah Morgan (vers 1700-vers 1777), elle-même quakeresse d'origine galloise. Le mariage est prononcé en 1720, et plusieurs enfants – dont Daniel – naissent de cette union. La famille s'installe dans la vallée d'Oley, près de l'actuelle ville de Reading, et vit des activités de Squire : la forge, l'élevage et le tissage. En 1747, un de ses fils épouse une non-quaker. La chose est très mal prise par la communauté, qui décide de bannir la famille entière. C'est peut-être pour cette raison que les Boone prennent la route en 1750 pour un long périple qui les conduit jusqu'en Caroline du Nord, où ils s'installent le long du fleuve Yadkin.

Alors que sa famille s'établit en Caroline du Nord, le jeune Daniel rencontre Rebecca Bryan (1739-1813), la fille d'un voisin, et l'épouse le 14 août 1756. Pour nourrir sa famille, il commence à pratiquer le *long hunt* (« longue chasse ») qui consiste à partir chaque automne pour une longue expédition de chasse dans des lieux reculés et giboyeux.

LA DÉCOUVERTE DU KENTUCKY

C'est précisément lors de l'une de ces longues chasses qu'il foule pour la première fois le sol du Kentucky, en 1767. Il constate alors que son ami John Finley (1759-1846), qui lui a conté maintes histoires sur ce pays sauvage, ne lui a pas menti. Daniel Boone comprend vite le profit qu'il y aurait à tirer en s'y installant.

S'ensuit de nombreuses tentatives mouvementées d'établissement au Kentucky. Au cours de ces expéditions, Daniel Boone est fait prisonnier à plusieurs reprises par des Amérindiens, qui enlèvent et tuent également son fils aîné, James, en 1773. Malgré cela, il persévère dans sa volonté de s'installer dans la région. Poursuivant sa quête, il balise la première véritable piste vers l'Ouest sauvage, la *Wilderness Road*, et finit par construire un fort qui devient rapidement une petite ville du nom de Boonesborough.

Mais Daniel Boone ne s'est pas illustré uniquement en tant qu'explorateur. Il a également été soldat et a participé à de nombreuses batailles. Il a notamment vaillamment défendu Boonesborough contre les Anglais et les Amérindiens pendant la guerre d'Indépendance (1775-1783). Tous ces exploits ont fait de lui l'un des héros de la nation les plus connus, mais aussi les plus fantasmés.

LE SAVIEZ-VOUS ?

La légende veut notamment que Boone ait été un redoutable chasseur dès la prime enfance. Ainsi, une des mille et une histoires qui se racontent à son sujet nous apprend qu'enfant, plein de sang-froid, il aurait abattu d'une balle en plein cœur un puma qui les avait pris en chasse, lui et les autres jeunes garçons avec qui il était parti chasser.

CONTEXTE POLITIQUE, SOCIAL ET ÉCONOMIQUE

Écrire l'histoire de Daniel Boone revient en fait à écrire l'histoire de la naissance des États-Unis d'Amérique. De la guerre de la Conquête (1754-1763) à la guerre d'indépendance, en passant par les débuts de la conquête de l'Ouest, l'aventurier a effectivement connu tous les bouleversements qui ont mené à la création de cette nouvelle nation.

LA GUERRE DE LA CONQUÊTE
OU *FRENCH AND INDIAN WAR*

En 1750, les colonies anglaises installées sur le Nouveau Continent sont au nombre de treize, et sont situées entre les Appalaches et la côte Atlantique. On y trouve, du nord au sud, le New Hampshire, le Massachusetts, New York, Rhode Island, le Connecticut, le New Jersey, la Pennsylvanie, la Virginie, le Delaware, le Maryland, la Caroline du Nord, la Caroline du Sud et la Géorgie. La Nouvelle France (nom donné à l'espace colonial français en Amérique du Nord) se situe, quant à elle, dans le vaste espace que l'on trouve entre les deux frontières naturelles que sont les Appalaches et le Mississippi, et s'étend, au nord, sur une partie des actuelles provinces canadiennes de l'Ontario et du Québec, et sur la côte Atlantique (la partie continentale de l'actuelle Terre-Neuve et le Nouveau-Brunswick).

Mais les Britanniques se sentent à l'étroit dans leurs treize colonies, et voient d'un mauvais œil l'influence catholique des Français, qui sont bien décidés à conserver le contrôle de leurs vastes possessions nord-américaines. Petit à petit, la tension monte et finit par déclencher la guerre de la Conquête, que les Américains nomment la *French and Indian War*.

Au cours de ce conflit, chacun des belligérants tente de contracter des alliances avec les tribus amérindiennes, qui se positionnent en fonction des relations passées et des garanties proposées. Si les Anglais connaissent de lourdes défaites lors de la première phase de la guerre, le conflit tourne toutefois à leur avantage. Ainsi, la bataille des Plaines d'Abraham (13 septembre 1759), notamment, se solde par une sévère défaite française et marque le début de la domination des Anglais en Nouvelle-France, région qui passe totalement sous leur contrôle en 1763. Les Français sont alors contraints de céder leurs possessions américaines à l'Angleterre, et ne conservent, au final, que les îles de Saint-Pierre-et-Miquelon et le droit de pêche à Terre-Neuve.

LA NAISSANCE DU PATRIOTISME AMÉRICAIN

Les treize colonies sont alors théoriquement sous le contrôle vigilant de la monarchie anglaise, qui dispose, à la tête de chacune d'entre elles, d'un gouverneur directement soumis à son autorité. Mais cela n'empêche pas les colons de s'éloigner culturellement de l'Angleterre et de développer, progressivement, un certain patriotisme et une conscience nationale.

Si les gouverneurs royaux chapeautent les colonies, ils n'ont en réalité qu'un rôle assez anecdotique. L'essentiel des affaires internes est en effet traité par des assemblées locales, qui votent notamment les lois et impôts locaux. Parallèlement se développe, dans l'esprit des intellectuels américains, le concept de la république, qui propose que les détenteurs du pouvoir ne soient plus déterminés par l'hérédité, mais élus par le peuple. Des critiques à l'égard de la couronne anglaise commencent donc à surgir, et deviennent de plus en plus acerbes à mesure que les impôts s'alourdissent.

La guerre de Sept Ans a effectivement coûté cher à l'Angleterre, qui cherche alors à renflouer ses caisses en pratiquant une politique fiscale des plus drastiques dans ses colonies. Ces impôts très élevés sont d'autant moins acceptés que les colons ne sont pas représentés au Parlement à Londres.

Le roi George III (1738-1820) exacerbe encore le mécontentement général en interdisant, suite à la guerre de la Conquête, la colonisation des territoires situés à l'ouest des Appalaches. Si cette décision part d'une bonne intention puisqu'elle a pour objectif d'apaiser les populations amérindiennes qui ont lourdement souffert de la guerre, les colons, de plus en plus nombreux dans les treize colonies, l'accueillent très mal. Certains n'hésitent d'ailleurs pas à défier l'autorité royale en s'implantant malgré tout dans cette zone interdite.

LA GUERRE D'INDÉPENDANCE

Au cours des années 1760, les tensions sont donc à leur comble. Les réunions secrètes de patriotes se multiplient, et des incidents surviennent. Londres se prépare à faire face au vent de contestation qui se lève en renforçant la présence militaire anglaise dans les colonies, et réprime dans le sang une révolte à Boston en 1770. Cet événement resté dans les mémoires sous le nom de « massacre de Boston », au cours duquel 11 patriotes ont trouvé la mort, constitue l'élément déclencheur d'une radicalisation des mouvements patriotes qui mènera à la guerre d'Indépendance.

La rupture est consommée en 1773, quand l'Angleterre édicte le *Tea Act*, une loi qui exempte de taxes la Compagnie anglaise des Indes orientales, alors en proie à des problèmes financiers importants, lui assurant ainsi un monopole sur le transport du thé. Pour les colons américains, c'en est trop. Le 16 décembre, en signe de pro-testation, quelques dizaines de Bostoniens déguisés en Indiens se glissent dans plusieurs navires chargés de thé et jettent la cargaison à la mer : c'est la *Boston Tea Party*. L'autorité royale réagit en édictant les *Coercive Acts*, un ensemble de lois ayant pour but la restauration de l'ordre et le renforcement de la sécurité dans les colonies, et plus particulièrement dans le Massachussetts.

Les colonies, rejetant cette décision, se rassemblent lors d'un Congrès continental qui se tient du 5 septembre au 26 octobre 1774. On y réclame l'égalité de droits entre les colons et les Anglais de la métropole, et notamment celui d'être représenté au Parlement. La décision la plus importante qui y est prise est de cesser tout échange commercial avec la métropole tant que les *Coercive Acts*, immédiatement rebaptisés *Intolerable Acts* par les patriotes, ne seront pas abrogés.

À mesure que le temps passe, les partisans de l'indépendance se font de plus en plus nombreux et, lors d'un second Congrès conti-nental en 1775, les colonies se dotent d'une assemblée législative. Le 4 juillet 1776, la Déclaration d'indépendance est adoptée, pour être ensuite imprimée et envoyée dans toutes les colonies ainsi qu'en Europe. Ce texte proclame la naissance des États-Unis d'Amérique et marque le début d'un conflit ouvert entre la couronne britannique et les treize colonies.

Comme lors de la guerre de la Conquête, chacun des camps tente d'obtenir le soutien des tribus amérindiennes, mais la plupart, craignant l'appétit colonialiste des patriotes, se rangent du côté anglais. Les patriotes, qui sont en nette infériorité numérique et peinent donc à faire face, trouvent leur salut du côté de la France, qui décide de prendre sa revanche sur l'Angleterre en les soutenant. Au terme de huit années de conflit, l'Angleterre est vaincue et contrainte, le 3 septembre 1783, de reconnaître l'indépendance des treize colonies, qui deviennent officiellement les États-Unis d'Amérique.

LES EXPÉDITIONS

Avec la fin de la domination française à l'ouest des Appalaches au terme de la guerre de Conquête, de vastes territoires se sont ouverts aux Anglais, alors même que la pression démographique des treize colonies se fait de plus en plus forte, et le gibier à chasser de plus en plus rare. Rien d'étonnant donc à ce que certains colons se prennent à rêver à l'établissement de nouvelles colonies dans les terres encore sauvages et giboyeuses de l'Ouest.

Aussi, malgré l'interdiction proclamée par le roi George III, quelques-uns d'entre eux commencent-ils à s'aventurer au-delà des limites des treize colonies. Le mouvement s'intensifie à mesure que l'autorité anglaise est contestée. Daniel Boone, qui rêve d'aventure depuis sa plus tendre enfance, n'est qu'un parmi de nombreux aventuriers, mais ses exploits vont faire de lui l'un des pionniers les plus célèbres et les plus respectés de l'histoire américaine.

PREMIÈRES ÉPOPÉES ET DÉCOUVERTE DU KENTUCKY

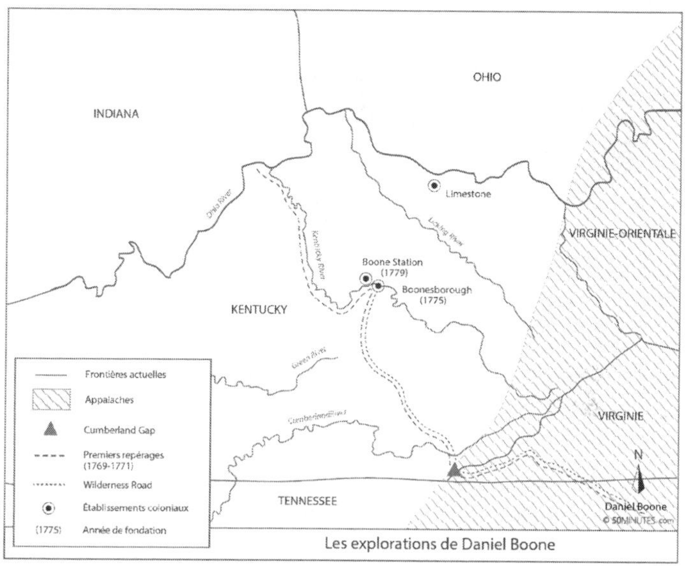

Les explorations de Daniel Boone

La première véritable épopée du jeune Daniel Boone est d'ordre militaire. En 1755, alors qu'il est âgé d'à peine 21 ans, il participe à l'une des premières campagnes de la guerre de la Conquête, l'expédition militaire de Braddock. Il exerce alors la fonction de charretier, tout comme John Finley, avec qui il se lie d'amitié. Cet homme, qui a par le passé parcouru le Kentucky pour tenter d'établir des relations commerciales avec les Amérindiens, lui raconte d'innombrables histoires sur ce pays encore sauvage. Si l'expédition se termine sur un désastre, Daniel reste durablement marqué par cette rencontre.

Daniel Boone ne s'aventure toutefois pas directement dans le Kentucky. Après sa participation à la guerre de la Conquête, il part, au début des années 1760, pour de grandes chasses dans l'actuel Tennessee et en Caroline du Nord. Il explore ensuite la Floride occidentale (1765), où il envisage un temps de s'établir avec sa famille à Pensacola, la ville la plus occidentale du territoire. La légende veut cependant que son épouse, Rebecca, refuse avec tant de force de partir que Daniel abandonne le projet.

Ce n'est qu'à l'automne 1767 qu'il entre pour la première fois sur le territoire du Kentucky, lors d'un *long hunt* qui l'a mené particulièrement loin. Pour saisir la portée de cet exploit, il importe de rappeler que pour atteindre le Kentucky, Boone a été contraint de traverser les Appalaches. Là, il découvre des forêts épaisses et sauvages et des vallées où le gibier est nombreux – en somme, un territoire plein de promesses.

REPÉRAGES ET PREMIER ÉTABLISSEMENT

Quand il revient chez lui au printemps 1768, c'est avec l'idée de repartir au plus vite. Il fait alors la rencontre de Richard Henderson (1734-1785), un important juge de Caroline du Nord qui s'est lancé dans la spéculation foncière et a fondé la *Transylvania Company*. Cet homme fait partie de ceux qui ont été frustrés par l'édit de George III. Ne voyant aucune raison légitime de se cantonner à l'est des Appalaches, il charge Daniel de partir en reconnaissance dans le Kentucky afin d'évaluer les possibilités d'y établir une colonie.

Accompagné de cinq hommes, parmi lesquels son frère Squire junior, son beau-frère John Stuart et son ami John Finley, l'explorateur reprend donc la route le 1er mai 1769. Ensemble, ils franchissent le *Cumberland Gap*, passage naturel à travers les Appalaches, situé au sud-ouest de la Virginie, et poussent leur incursion jusqu'à la *Kentucky River*. Pendant deux ans, ils se familiarisent avec les espaces vierges de la région. Ils y trouvent un gibier abondant, et récoltent de nombreuses peaux. Mais ils sont surtout là dans le but de reconnaître le pays, dont ils explorent minutieusement le centre, avant de remonter le cours de la rivière jusqu'à l'*Ohio River*. Ces deux années d'aventure sont ponctuées d'escarmouches, parfois sérieuses, avec les populations indigènes.

DES EXPÉDITIONS SEMÉES D'EMBÛCHES

Au cours de ses pérégrinations, Daniel Boone est capturé deux fois par des tribus amérindiennes. La première fois, des Shawnees le surprennent alors qu'il est en train de chasser avec son beau-frère. Il parvient toutefois à s'échapper, et poursuit tranquillement ses investigations. La seconde capture a lieu en 1771, alors que ses compagnons et lui sont sur le chemin du retour. Des Cherokees les attaquent, leur confisquant équipement et chevaux et s'emparant de leur précieuse récolte de peaux, et leur font très clairement comprendre qu'ils ne sortiront pas vivants d'une deuxième rencontre.

Malgré ces mésaventures, Bonne reste bien décidé à poursuivre son odyssée. De retour chez lui, il embarque sa famille et rejoint un groupe de quelques dizaines de colons qui comptent s'établir durablement au Kentucky. Ensemble, ils prennent la route en 1773, mais l'entreprise prend une tournure dramatique quand des Amérindiens attaquent le convoi et tuent cinq des colons qui avaient momentanément quitté le convoi, dont le fils de Daniel, James, âgé d'à peine 16 ans.

Si la plupart des colons qui l'accompagnaient sont découragés par ce terrible épisode, Boone n'est pas prêt à abandonner sa quête, et cela tombe bien. En 1775, Richard Henderson achète en toute illégalité aux Cherokees les terres que Boone avait repérées au Kentucky. Il y prévoit la fondation d'une grande colonie, la Transylvanie, et propose à notre héros de partir à la tête d'un contingent d'hommes pour baliser la *Wilderness Road*, une piste qui devrait, à terme, permettre aux colons de traverser facilement les Appalaches pour atteindre la nouvelle colonie. Daniel part aussitôt à l'aventure et balise la piste qu'il a lui-même suivie via le *Cumberland Gap*. Il pousse son entreprise jusqu'à la *Kentucky River*, où il commence, le 1er avril, l'érection d'un fort auquel on donne naturellement le nom de Boonesborough.

SOUS LE FEU ENNEMI

Boonesborough devient l'une des premières colonies d'anglophones implantées au-delà des Appalaches. Sa création, qui va totalement à l'encontre de la volonté du souverain anglais, est assez symptomatique du fossé qui s'est creusé entre les intérêts des colons et l'autorité de la métropole et débouchera sur la guerre d'Indépendance.

À la fin de l'année 1776, le Kentucky devient un comté de Virginie, et Boone est nommé officier, puis major, de la milice patriotique de cet État. Son rôle dans le conflit est essentiellement un rôle de défense des colonies du Kentucky contre les Amérindiens, qui se sont alliés à la couronne anglaise.

En 1777, Boonesborough doit résister à une attaque d'Amérindiens commanditée par les Anglais, attaque au cours de laquelle Daniel Boone est blessé à la jambe. Si le fort résiste à plusieurs assauts, les assaillants ravagent ses récoltes et son bétail. Les colons doivent donc de toute urgence trouver du sel afin de préserver la viande dont ils disposent. À peine remis de sa blessure, Boone part avec une trentaine d'hommes se ravitailler aux sources salines que l'on trouve le long de la *Licking River* (au nord-est de Boonesborough).

Au cours de cette expédition, il est surpris et capturé par des Shawnees, cette fois bien décidés à le garder prisonnier. Pendant trois mois, l'aventurier vit au milieu de ses ravisseurs. Le chef de la tribu, Blackfish (vers 1725-1779), se prend d'affection pour lui et finit par l'adopter. Tout au long de cette période, notre bourlingueur fait profil bas, et se plie aux usages de la tribu. Mais un soir, il surprend une conversation entre un officier britannique et le chef amérindien au sujet d'une attaque combinée des forces anglaises et amérindiennes sur le fort de Boonesborough. Devant l'urgence de la situation, Boone décide de s'échapper, court alerter Boonesborough du péril encouru, et organise sa défense. Grâce à lui, la ville résiste vaillamment aux assauts, et les agresseurs finissent par lever le siège.

Suite à cela, Daniel Boone rejoint sa famille qui s'est réfugiée en Caroline du Nord, puis reprend la route à la tête d'un groupe de colons et fonde, en 1779, l'établissement colonial de Boone Station, à proximité de Boonesborough. Ayant acquis une certaine notoriété, il commence à recevoir des promotions importantes. En 1780, alors que le Kentucky est divisé en trois comtés, il est fait lieutenant-colonel du comté de Fayette. En avril 1781, il est nommé à l'Assemblée de Virginie, et, l'année suivante, il est promu shérif de ce même comté.

La guerre faisant toujours rage, il participe encore à plusieurs batailles à l'ouest des Appalaches, notamment en Ohio, où les patriotes tentent de soumettre les tribus amérindiennes alliées aux Anglais, mais également au Kentucky, lors d'une bataille qui coûtera la vie à l'un de ses fils, Israel.

SPÉCULATION FONCIÈRE ET EXIL

En 1776, peu de temps avant que le Kentucky ne devienne un comté
de Virginie, les titres de propriété de la *Transylvania Company* sont
révoqués, et la colonisation du Kentucky se fait dans la plus grande
anarchie. Boone tire alors son épingle du jeu en commençant à
vendre des parcelles de terre aux colons.

Avec les bénéfices engrangés, il achète et revend des milliers
d'acres de terre. Ainsi, en 1786, lorsqu'il déménage à Limestone
(aujourd'hui Maysville), situé plus au nord du Kentucky, il est
plutôt prospère.

UN TERRIBLE VOL

En 1780, alors qu'il fait route vers la Virginie avec les 20 000 dollars qu'il a
récoltés auprès de divers colons afin d'acheter des titres de propriété, il s'arrête
pour la nuit dans une auberge. Mal lui en prend : à son réveil, il constate avec
stupeur qu'on lui a dérobé la totalité de la somme. Il lui faudra des années pour
rembourser cette dette.

Mais avec la fin de la guerre d'Indépendance, ses titres sont
contestés, et il commence à les perdre les uns après les autres.
Sous prétexte qu'ils auraient été mal enregistrés, ils lui sont donc
confisqués, et Daniel Boone se retrouve couvert de dettes.

Harcelé par ses créanciers et harassé par les problèmes juridiques
liés à ses propriétés contestées, il décide de quitter le Kentucky et
de s'installer en Virginie, à Point Pleasant, en 1788. Mais lorsqu'il
perd sa dernière propriété vers 1798-1799, il choisit de quitter les
États-Unis pour rejoindre son fils, qui s'est installé dans ce qui
deviendra le Missouri, alors territoire espagnol.

Des terres lui sont concédées et il obtient un poste de magistrat dans l'administration espagnole. Mais le territoire est bientôt cédé aux États-Unis (1803), et Boone fait une nouvelle fois face aux tracasseries administratives. L'accord qui l'a rendu propriétaire de sa concession s'étant fait oralement, il ne dispose d'aucun titre de propriété pouvant justifier sa légitimité. Son bien lui est donc à nouveau confisqué.

S'ensuivent dix années de démarches pour faire rétablir ses droits. Justice lui est enfin rendue en 1814, un an après la perte de sa femme, Rebecca, le 18 mars 1813. Il passe l'essentiel de la fin de sa vie en compagnie de ses enfants et de ses petits-enfants, et s'éteint le 26 septembre 1820.

RÉPERCUSSIONS

LE KENTUCKY : DE LA COLONIE À L'ÉTAT

Daniel Boone n'a pas à proprement parler découvert le Kentucky. Des études historiques prouvent en effet que la région avait déjà été explorée par nombre de chasseurs avant lui, parmi lesquels son ami John Finley. Toutefois, en balisant la *Wilderness Road* à travers les Appalaches, en établissant et en sécurisant l'un des premiers établissements coloniaux sur cette terre sauvage, il a très clairement participé à sa colonisation.

Le Kentucky, qui à la fin des années 1760 n'était encore que le terrain de chasse de quelques tribus amérindiennes, devient, en 1776, un comté de Virginie. En 1780, alors qu'il est divisé en trois comtés, on y compte déjà pas moins de 45 000 colons américains.

Si les débuts de la colonisation y sont assez chaotiques, ce territoire acquiert, après la guerre d'Indépendance, une cohérence et un poids certains. Ses habitants, séparés de la Virginie par les Appalaches, ne se considèrent pas comme des Virginiens, et commencent à réclamer leur indépendance. Ils obtiennent gain de cause le 1er juin 1792, quand le Kentucky devient le 15e État des États-Unis d'Amérique.

Aujourd'hui, à l'emplacement de Boonesborough, on peut découvrir une reconstitution du fort de Daniel Boone qui sert de musée.

LA CONQUÊTE DE L'OUEST

La naissance des États-Unis d'Amérique est associée, dans l'esprit américain, à la conquête de la liberté, qui s'est faite sur deux fronts : sur la couronne anglaise d'abord, sur l'ouest sauvage ensuite. Au lendemain de la guerre d'Indépendance, l'expansionnisme devient rapidement l'une des grandes valeurs populaires américaines. S'ils sont parvenus à acquérir la liberté par la démocratie, les patriotes ont désormais pour mission sacrée de l'étendre, de la diffuser dans le monde, mais aussi et avant tout de l'autre côté de la Frontière, cette ligne mouvante de démarcation entre la « civilisation » et un Ouest vierge et impénétrable qui attend d'être conquis.

Daniel Boone est donc vu par les Américains comme l'un des pionniers les plus importants. S'il s'est battu pendant la guerre d'Indépendance pour défendre la liberté des patriotes, il leur a également ouvert la voie vers l'Ouest.

Il importe toutefois de préciser que les débuts de la colonisation des territoires situés au-delà des Appalaches sont plutôt timides et restent le fait de *frontiersmen* chevronnés. Il faut en réalité attendre la seconde moitié du XIXe siècle pour assister à une véritable massification du phénomène. À cette époque, on découvre d'importants gisements d'or en Californie, découverte qui déclenche le phénomène de la ruée vers l'or et l'émigration de centaines de milliers de personnes dans l'Ouest américain. Dans un même temps, le journaliste John O'Sullivan (1813-1895) marque l'histoire en donnant une nouvelle justification à l'expansionnisme américain à travers le concept de « destinée manifeste » : « Notre destinée manifeste est de nous déployer sur le continent qui nous a été confié par la Providence pour le libre développement de notre grandissante multitude » (« Annexation » in *United States Magazine and Democratic Review*), écrit-il en 1845.

LA NAISSANCE D'UNE LÉGENDE

En 1783, au terme de huit longues années de combat, l'indépendance des États-Unis d'Amérique est reconnue par l'Angleterre. La nation naissante a alors besoin de grandes figures, d'exemples à suivre, de héros nationaux et fédérateurs. Les auteurs John Filson (1747-1788) et Timothy Flint (1780-1840) vont lui en fournir un.

John Filson, colon du Kentucky et historien de son état, connaît Daniel Boone. À l'approche du 50ᵉ anniversaire de l'explorateur, il décide de lui consacrer une annexe à son livre sur l'histoire de la jeune colonie. Ainsi, on trouve dans *The Discovery, Settlement And present State of Kentucke* (*La Découverte, la Colonisation et l'État présent du Kentucky*), publié en 1784, un long appendice dédié aux pérégrinations de Daniel Boone. L'ouvrage connaît un énorme succès, et est rapidement traduit en français et en allemand. L'appendice, qui n'est pas pour rien dans la renommée de l'œuvre, donne une très grande visibilité aux aventures de Daniel Boone.

Quelques décennies plus tard, Timothy Flint publie à son tour une biographie de notre aventurier (*Biographical Memoir of Daniel Boone, the First Settler of Kentucky*, 1833). Il y romance beaucoup les aventures du pionnier, ce qui semble plaire au public puisque le livre se vend très bien, au point de devenir l'une des biographies les plus lues du xixᵉ siècle. C'est cette œuvre qui est à l'origine de la version très stéréotypée de la vie de Daniel Boone, et qui fait de lui l'un des héros les plus connus des débuts de la conquête de l'Ouest.

Depuis lors, on ne compte plus les romans, nouvelles et films qui lui ont été consacrés. Il est devenu, dans l'imaginaire américain, la figure de la conquête de l'Ouest, alors même qu'il n'en a connu que les débuts.

EN RÉSUMÉ

2 nov. 1734	Naissance de Daniel Boone
1754-1763	Guerre de la Conquête
1769-1771	Repérages au Kentucky pour la *Transylvania Company*
1775	Balisage de la *Wilderness Road* ; fondation de Boonesborough
1776	Début de la guerre d'Indépendance
1779	Fondation de Boone Station
3 sept. 1783	Fin de la guerre d'Indépendance
1ᵉʳ juin 1792	Le Kentucky devient le 15ᵉ État des États-Unis
26 sept. 1820	Décès de Daniel Boone

- En 1734, Daniel Boone naît près de l'actuelle Reading, en Pennsylvanie. Dès son plus jeune âge, il rêve déjà d'explorations et d'aventures.

- Alors que la guerre de la Conquête fait rage, il participe à la campagne de Braddock (1755) et rencontre John Finley, qui lui parle du Kentucky.

- Lors d'un *long hunt* qui durera deux ans, il explore ensuite le Tennessee.

- Il enchaîne avec la Floride, qu'il explore en 1765 et où il envisage même de s'établir.
- En 1767, Boone pénètre pour la première fois au Kentucky, et tombe sous son charme.
- Il y est envoyé en repérage par la *Transylvania Company* en 1769 et y reste deux ans, au cours desquels il est, pour la première fois, capturé par des Amérindiens.
- En 1773, un premier essai de colonisation au Kentucky vire au désastre. Le convoi de quelques dizaines de colons est pris pour cible par des guerriers shawnees. Boone perd un fils dans le combat.
- Il en faut toutefois plus pour l'arrêter et, en 1775, toujours au compte de la *Transylvania Company*, il balise la *Wilderness Road*, un passage à travers les Appalaches qui mène à la *Kentucky River*, où il fait construire le fort de Boonesborough.
- Pendant la guerre d'Indépendance des États-Unis d'Amérique, Boone est enrôlé dans la milice patriotique de Virginie, dont le Kentucky vient de devenir un comté.
- En 1777, il est blessé à la jambe alors qu'il participe à la défense de Boonesborough.
- L'année suivante, il est capturé par des Shawnees. Il reste en leur compagnie pendant trois mois, puis leur échappe lorsqu'il surprend les préparatifs d'une attaque sur le fort de Boonesborough, et court avertir la population, permettant de mettre en échec l'attaque.
- Infatigable, Boone fonde, en 1779, Boone Station, un nouvel établissement colonial au Kentucky, et continue à combattre régulièrement aux côtés des patriotes.
- Tout au long de la guerre d'Indépendance, Boone gagne de l'argent en vendant des terres aux colons désireux de s'installer au Kentucky.

- Or, à partir de la fin du conflit, le vent tourne. Au fil des années, et parallèlement à l'organisation progressive des États-Unis, Boone perd une à une toutes les terres qu'il a achetées.
- Il accumule les dettes et vers 1800, il finit par s'exiler au Missouri.
- En 1820, Daniel Boone meurt de vieillesse à l'âge de 85 ans, mais reste dans la légende comme l'un des pionniers les plus connus de l'Ouest américain.

POUR ALLER PLUS LOIN

SOURCES BIBLIOGRAPHIQUES

- BOORSTIN (Daniel), *Histoire des Américains. Naissance d'une nation*, t. 2, Paris, Armand Colin, 1981.
- BROWN (Meredith Mason), *Frontiersman*, Louisiane, Louisiana State University Press, 2008.
- *Concise dictionary of American biography*, New York, Charles Scribner's sons, 1980.
- « Daniel Boone », in *Encyclopædia Britannica*, consulté le 6/04/2014. http://www.britannica.com/EBchecked/topic/73654/Daniel-Boone
- DURPAIRE (François), *Histoire des États-Unis*, Paris, Presses universitaires de France, coll. « Que sais-je ? », 2013.
- JACQUIN (Philippe) et ROYOT (Daniel), *Go West ! Histoire de l'Ouest américain d'hier à aujourd'hui*, Paris, Flammarion, coll. « Champs histoire », 2004.
- JONHSON (Allen), *Dictionary of American biography*, t. 2, Londres, Oxford University Press, 1922.
- JONHSON (Thomas H.), *The Oxford Companion to American History*, New York, Oxford University Press, 1966.
- KASPI (André), *Les Américains. Naissance et essor des États-Unis. 1607-1945*, t. 1, Paris, Seuil, 2002.
- LE BRIS (Michel), *Dictionnaire amoureux des explorateurs*, Paris, Plon, 2010.
- MORISON (Samuel Eliot), *The Oxford History of American People*, New York, Oxford University Press, 1965.
- MORRIS (Richard B.), *Encyclopedia of American History*, New York, Harper & Row, 1982.

- *Nouvelle biographie générale depuis les temps reculés jusqu'à nos jours*, t. 6, Paris, Firmin Didot Frères, 1855.
- TURNER (Frederick Jackson), *La frontière dans l'histoire des États-Unis*, Paris, Presses universitaires de France, 1963.
- VAN DOREN (Charles) et MCHENRY (Robert), *Websters American Biographies*, Springfield, Merriam-Webster Inc., 1984.
- VINCENT (Bernard), *Histoire des États-Unis*, Paris, Flammarion, 2012.
- *Who Was Who in America. Historical volume (1607-1896)*, Chicago, Marquis-Who's Who incorporated, 1963.

LITTÉRATURE

- FENIMORE COOPER (James), *Histoires de Bas-de-Cui*, 1823-1841.
- FENIMORE COOPER (James), *Le Dernier des Mohicans*, 1826.

FILMS ET SÉRIE TÉLÉVISÉE

- *Daniel Boone*, film de Wallace McCutcheon, avec William Craven, Florence Lawrence et Susanne Willis, 1907.
- *Daniel Boone*, film de David Howard, avec George O'Brien, Heather Angel et John Carradine, États-Unis, 1936.
- *Daniel Boone*, série télévisée de Borden Chase, avec Fess Parker, Albert Salmi et Ed Ames, États-Unis, 1964-1970.

50MINUTES

Art

Business

Histoire

SOYEZ LÀ
OÙ ON NE VOUS ATTEND PAS !

www.50minutes.com

www.50minutes.com

Éditeur responsable : Lemaitre Publishing
Rue Lemaitre 4 | BE-5000 Namur
info@lemaitre-editions.com

ISBN ebook : 978-2-8062-5458-0
ISBN papier : 978-2-8062-5636-2
Dépôt légal : D/2014/12603/72
Photo de couverture : réputée libre de droits.

Conception numérique : Primento,
le partenaire numérique des éditeurs

Made in the USA
Monee, IL
07 July 2026